КОСМІЧНА МАНДРІВКА – НАША НАЙБІЛЬША ПРИГОДА

За мотивами
КНИГИ УРАНТІЇ

Оригінальний текст
і оформлення
ХЕННО КЯО

Любі діти, історія, яку я вам розповім – не вигадка. Це справжня розповідь про захоплюючу пригоду. Пригоду ще більш цікаву, оскільки все оповідане мною є у великій книзі, що зветься КНИГА УРАНТІЇ. Вона містить історію цілого всесвіту. Із неї ви колись дізнаєтесь дуже багато нового про землю та космос. Одного дня КНИГА УРАНТІЇ розповість вам історію нашої та схожих на нашу планет. Розповість про появу людей і людських рас, про те, чому люди такі різні, а також чим саме всі люди схожі один на одного. Вона містить захоплюючі і детальні оповідання героїчних пригод із життя людей минулого – відомих і досі незнаних наших предків. І найголовніше: КНИГА УРАНТІЇ допоможе зазирнути у майбутнє – довідатись більше про нескінченну і чудову подорож, що чекає на вас і на мене у наступному світі.

Хенно Кяо (1942–2004)

Видатний естонський письменник, митець, художник-ілюстратор та художник-мультиплікатор, музикант і поет. Загалом написав і проілюстрував 33 книги для дітей. Хенно Кяо можна віднести до представників нової дитячої естонської літератури, як Енно Рауд або Отт Ардер. Твори Кяо вирізняються не тільки своєю повчальною складовою: його книжки читати просто, цікаво і весело. Протягом життя він був християнином й відданим читачем Книги Урантії.

Від перекладача

В житті людини головним є віра. Без віри ми, люди, нездатні жити. Люди вірять в різні прості й вельми складні, часом дивні речі, але завжди вірять. Ми віримо у наших батьків, в державу, в те, що ніч мине й настане завтрашній день, в те, що біле є білим, а чорне – чорним, в те, що всесвіт нескінченний, віримо в себе, один у одноаго, віримо в свою любов, і на кінець (а радше на початок) – віримо у Бога. Якщо людина зневірюється... вона шукає у собі сили, і вірить знову. Віра конче потрібна для життя. Віра – це і є саме життя.

Ми мусимо вірити, аби жити. Книга Хенно Кяо розповідає нам про захоплюючу подорож. Подорож настільки цікаву і жадану, що в неї майже неможливо не вірити. Повіривши в цю подорож, довірившись письменнику, ми отримаємо для себе натхнення на все подальше життя,– на подолання будь-яких життєвих перешкод. Ця подорож схожа на живий кристал несказанної краси, що ми зможемо тримати його у своєму серці. Дещо дуже, дуже гарне, повертаючись подумки до чого ми черпаємо нову життєву силу, силу чистої віри в реальне, світле, дружнє і повне радості майбутнє. Із любов'ю присвячую цей переклад двом своїм синам – Гавриїлу і Мартіну.

ЗАХОПЛЮЮЧА ПРИГОДА ВЖЕ ЧЕКАЄ НА ТЕБЕ!

Надзвичайна пригода попереду! Ти не тільки довідаєшся про неї із цієї книги, але й насправді розпочнеш її у своєму житті. Та ж подорож чекає на мене й на всіх інших людей, які забажають розпочати її. Однак не думай, що це – така собі звичайнісінька гра-пригода, наприклад «лови», «хованки», комп'ютерна гра, «козаки-розбійники», космічний десант, перевдягання чи лялькова гра. Ця подорож, про яку я хочу розповісти, не гра і не вигадка, що переносить нас навколо світу, або на Місяць чи на Марс. О ні! Ця пригода – це щось, незрівнянно більше, ніж звичайна вигадана гра. Це справжня безкінечна *космічна* пригода, так само безкінечна, як і сам космос. Як цілий безкінечний всесвіт. Насправді ви вже розпочали свою космічну пригоду, народившись на нашій планеті. Однак, ваше теперішнє життя у цьому світі – лише початок, воно схоже на перший крок на цікавому і довгому шляху, який веде до інших, неймовірно прекрасних і захоплюючих світів. І ви не будете відчувати себе самотньо на цьому шляху через всесвіт! Разом і поруч із вами завжди будуть вірні помічники – дружні компаньйони, які з нетерпінням чекатимуть нагоди допомогти, як тільки вам буде потрібна їхня допомога.

Зрозуміло, що перш за все ви маєте жити і прожити своє теперішнє земне життя у цьому світі настільки добре, наскільки ви будете у змозі це зробити. Ваша земна професія дуже важлива – те, ким ви вирішите стати у цьому світі, дуже важливо саме для вас. Однак земна робота не впливає на можливість розпочати цю захоплюючу космічну пригоду. Для цього не важливо, ким саме ви працюєте – водієм таксі, банкіром, письменником, мандрівником або, наприклад, менеджером готелю. Характер і тип роботи не має значення для сходження людини у всесвіті. Однак, ви повинні робити будь-яку свою справу добре – настільки добре, наскільки ви у змозі це робити, а також – робити її чесно й із щасливим серцем.

Згодом, коли прийде ваш час закінчувати земне життя, ви залишите своє тіло у цьому світі. До того часу воно вже буде досить зношене й вкрите зморшками, тому ви вже не будете за ним сумувати. Навіть якщо воно не буде старatenьким, ви не зможете забрати своє тіло у подальшу космічну подорож. Ви не зможете це зробити, тому що тіло – земне. На відміну від людської душі та духу, про які я розповім вам пізніше, тіло складається зі звичайних земних фізичних елементів. Отже, після того, як ви залишите своє тіло, якщо ви насправді цього бажаєте, ви нарешті розпочнете свою захоплюючу космічну подорож – найбільшу з усіх пригод, які тільки може здійснити людина.

ЩО ТАКЕ КНИГА УРАНТІЇ?

Читаючи цю дитячу книгу ви напевне будете здивовані тим, звідкіля я знаю так багато про всесвіт, нашу планету та цю дивну космічну подорож. І можливо ви подумаєте, що я все це просто вигадав. Як дитячий письменник я визнаю, що у своєму житті дійсно вигадував багато історій, оскільки цікаві історії — моє справжнє захоплення. Однак усе, викладене мною тут, я не вигадав, а сам дізнався із однієї товстезної книги, яка містить дві тисячі дев'яносто сім сторінок. Ця книга, яку я маю на увазі, називається КНИГА УРАНТІЇ.

Вся цікавезна інформація, викладена у КНИЗІ УРАНТІЇ, протягом певного часу була відома лише невеличкій громаді звичайнісіньких людей, що мешкали в далекій Америці, у місті Чикаго, США. Як саме вони дізнались про неї для нас є таємницею, але ми знаємо напевно, що ця книга потрапила до них від невидимих створінь із небачених світів, куди жодна людина зазирнути не в змозі. Перші звістки, що у подальшому стали основою КНИГИ УРАНТІЇ, були отримані цими людьми ще сто років тому — на початку минулого століття. Робота зі складання цілої книги зайняла приблизно десять років. І, нарешті, восени 1955р., була видана ця книга.

У наші часи КНИГА УРАНТІЇ перекладена багатьма мовами. Її читають люди з усіх куточків світу. Ви також можете читати її, якщо забажаєте. На початку вона може здаватися вам складною для розуміння; навіть деякі дорослі люди теж вважають так. Окрім того, у ній немає жодної картинки. Тож я не здивуюсь, якщо вам стане важко її читати ще до того, як ви дійдете до середини, ще до того, як ви заглибитесь у сам процес читання. Зі свого досвіду я знаю: щоб прочитати цю книгу із початку й до кінця знадобиться багато часу. Жодна людина не може прочитати КНИГУ УРАНТІЇ за декілька днів, або й навіть за декілька тижнів чи місяців. Зрозуміло, що у процесі читання треба займатись усіма своїми звичайними справами – ходити до школи, навчатись і робити ще тисячу й одну справу – все те, що роблять усі звичайні діти у своєму віці. А це, повірте мені, досить важко. Отож, мені буде дуже шкода, якщо ви часом не дізнаєтесь нічого про цю унікальну книгу. Ось чому я вирішив написати щось про неї саме для вас простою і зрозумілою мовою. Також я вирішив намалювати для вас веселі картинки, що допоможуть отримати більше втіхи від читання моєї книги.

Безперечно, моя книга не може вважатися навіть стислим переказом КНИГИ УРАНТІЇ. Я лише доторкнувся до деяких тем, що обговорюються в ній. Щоб довідатись подробиці того, про що я розповім тобі, а також дізнатись багато іншого цікавого про життя, наш світ і всесвіт, тобі доведеться самостійно одного дня взятись до читання КНИГИ УРАНТІЇ.

ДУХ НАШОГО НЕБЕСНОГО ОТЦЯ

Частинка Бога, або, краще скажімо, частка Духу нашого Небесного Отця, живе у кожній людині – у дорослому й дитині. Усі татусі дуже люблять дарувати подарунки своїм дітям. Так само і наш Небесний Отець. Частинка його нескінченного Духу – особистий подарунок кожному з нас.

Можливо ви, діти, не знали про це раніше. Я маю на увазі, що, можливо, ви й гадки не мали, що насправді ніколи не буваєте на самоті. Либонь, у це навіть важко повірити. Ви запитаєте мене: «Тож, якщо хтось живе усередині мене, чому я його не відчуваю?» Але ви його відчуваєте! Насправді! Щоб упевнитись в цьому, спробуємо виконати просту вправу. Спробуйте зробити щось гарне, наприклад допоможіть комусь донести пакунки. Або запропонуйте свою допомогу батькам у приготуванні страв, або ж зробіть комусь подарунок. Ви одразу відчуєте, як дух усередині вас радіє. З іншого боку, якщо ви скажете щось огидне, недобре своїй матусі, або наприклад прогуляєте уроки у школі, то вже дуже скоро ви відчуєте деяке незручне, неприємне відчуття, схоже на внутрішнє ниття, тихеньке скавучання всередині. І це також той самий дух, Дух Отця. Якщо ж ненароком станеться так, що ви вчините щось дійсно погане – таке як крадіжка чи навіть гірше, то у цьому випадку Дух Отця буде дуже, дуже засмучений. Ви зможете відчути це.

Цей дух – подарунок Отця, ніколи не керує вами, він ніколи не віддає ніяких наказів. Ви насправді вільні робити усе, що вам заманеться. Однак, якщо ви не хочете засмутити його, намагайтесь робити тільки гарні вчинки.

І пам'ятайте: навіть якщо ваш тато не дав вам мобільного телефона для зв'язку, або якщо ви лишили його вдома, у вас завжди є справжній, прямий і надійний зв'язок зі своїм Небесним Отцем. Дух, що живе усередині, схожий на телефон, який ви можете використати у будь-який час. Якщо ви хочете трішки поспілкуватись з Отцем, цей Дух буде завжди готовий прийняти й передати ваше послання самому Богу. Вам не потрібно пам'ятати ніякий номер. У Отця немає й ніколи не було номеру для зв'язку. Тільки-но скажіть «ОТЕЦЬ» або «БОЖЕ», й він одразу, в той самий момент, почує вас.

Мені здається, що розмовляти з Отцем – це так само, як говорити по відео-телефону: він може вас чути і бачити. І навіть якщо ви не бачите його, він все одно добре знає про всі ваші думки і справжні потреби.

До речі, Дух Отця всередині – не шпигун і не викажчик. Будь ласка, ніколи не думайте так про нього! Він завжди радіє усім вашим новим задумам і добрим витівкам. Він дійсно насолоджується кожною нагодою весело провести із вами час. Він сміється й плаче разом з вами. І ще – він пам'ятає усе вартісне, що сталося у вашому житті, й терпляче чекає нагоди побачитись з вами віч-на-віч. Він чекає на зустріч, поки ви живете на Землі, поки ви зайняті своїми земними справами. І не його вина, що зазвичай ця зустріч відбувається після того, як людина переживає смерть.

Як це не дивно видається, але смерть – ще не кінець життя. Зовсім ні! Помирає тільки ваше тіло. Ви продовжуєте жити. Звісно, тільки якщо ви цього забажаєте. Отець не примушує вас ні до чого. Після смерті ви отримаєте нове тіло. Тіло, невидиме людському оку, однак цілком реальне й видиме усім тим, кого ви зустрінете під час своєї захоплюючої подорожі. Ви побачите ангелів і мешканців далеких світів своїм оновленим зором. Ви заведете нових товаришів і, ймовірно, зустрінете старих знайомих, близьких або коханих – тих, хто пройшов крізь ворота смерті й потрапив в небесні світи трохи швидше ніж ви.

Не сумніваюсь, що вам вже стало цікаво. Зрештою, ви почали читати цю книгу, щоб дізнатися більше, відкрити для себе щось нове й дослідити це, знайти відповіді на деякі цікаві питання. Вже під час свого земного життя ви зможете дізнатися багато про інші світи. Але найбільш значні, захоплюючі, неймовірні й екстраординарні відкриття ви зробите лише після початку своєї великої космічної пригоди – у наступному, більш досконалому світі.

Значно простіше буде намалювати, ніж розказати вам про місце знаходження нашої планети у всесвіті, а також про шлях, яким поведе вас захоплююча космічна подорож. Однак, спробуймо зробити і те, й інше.

Великий всесвіт складається з семи *надвсесвітів,* що обертаються навколо *центрального всесвіту.* Центральний всесвіт має назву Хавона. Там, у Хавоні, знаходиться мільярд досконалих і прекрасних світів, або, інакше кажучи, – планет. Зрозуміло, що в цих світах живуть досконалі та прекрасні істоти. Одного дня тобі пощастить – ти неодмінно познайомишся із ними.

У самому центрі центрального всесвіту розташовано найбільш таємниче в усьому космосі місце. Це місце має назву *Острів Рай*. Ти мабуть вже здогадався, що у самому центрі Острова Рай живе Бог, Отець усього величезного космічного творіння.

IV
III
V
II
ХАВОНА
ОСТРІВ РАЙ
VI
I
VII
ОРВОНТОН

Усе в космосі безупинно рухається, обертається і крутиться. Усе, окрім Острова Рай. Острів Рай завжди знаходиться на одному й тому ж місці. Він – єдине нерухоме місце у всьому безмежному всесвіті всесвітів. Дуже важко собі уявити, але там не існує звичних нам часу і простору. Для нас, людей, Острів Рай – справжня таємниця таємниць.

Сім надвсесвітів, що обертаються довкола центрального всесвіту Хавона, цілком природні й далекі від досконалості. Один із цих семи надвсесвітів – наш. А саме – сьомий. Назва нашого надвсесвіту – Орвонтон.

Якщо ти поглянеш у нічне небо, ти побачиш на ньому сяючий, трохи звивистий зоряний шлях, що простягається від одного краю неба до іншого. Мабуть ти вже знаєш, що це скупчення нечисленної кількості зірок зветься Чумацьким Шляхом. Наша сонячна система перебуває у середині цього Чумацького Шляху. Земля обертається довкола Сонця, перебуваючи у Чумацькому Шлясі. Тож, нарешті, я можу відкрити вам, що на зоряних мапах небесних правителів наш улюблений світ – рідна планета Земля – має назву Урантія. Космічний номер нашої планети 5.342.482.337.666. У всьому великому всесвіті наш світ – лише одна з величезної кількості інших, населених живими істотами, планет.

БУДОВА Й УПРАВЛІННЯ ВСЕСВІТОМ

Запевне відомо, що у кожному класі є свій вчитель, а кожна школа має свого директора. Я впевнений: ти в курсі, що кожне місто має свого мера, й годі навіть нагадувати, що кожна держава має свого президента, прем'єр-міністра чи короля. Що ж, мабуть тобі вже стало зрозуміло, до чого я веду. Це саме стосується й всього безкрайнього всесвіту. Усі речі і світи у космосі повинні перебувати в порядку. Повинні існувати правила, працювати закони. У іншому випадку всесвіт неминуче чекає катастрофа зорі на небі зруйнуються, планети, супутники й інші небесні тіла зіштовхнуться або впадуть одне на одного, та й інші жахливі речі можуть статись.

Всесвіт всесвітів керується й очолюється Богом – справжнім духовним Отцем кожного з нас. Однак, як я зазначив вам вище, у великому всесвіті є сім надвсесвітів, які також, у свою чергу, мають власних керівників і управителів.

Спробуймо порівняти систему управління сьомим надвсесвітом, в якому ми живемо, з тим, як налаштоване керівництво нашої рідної України. Звісно, що кожна країна, у тому числі й наша, має свою столицю. Столиця України — Київ. Столиця нашого надвсесвіту Орвонтон планета, що має назву Уверса. Так само, як Україна поділяється на регіони і райони, надвсесвіт складається з великих і малих секторів. Великий зоряний сектор містить сто малих секторів. У складі малого зоряного сектору — сто локальних всесвітів. І кожен з цих малих секторів має свою столицю — свою головну планету. Так само, як і наші земні міста, ці небесні сфери теж не виникли із нічого самі по собі. Чудові планети – столиці секторів і локальних всесвітів – були створені поміркованими небесними архітекторами. *Архітектурні світи* — ось, як КНИГА УРАНТІЇ називає їх.

НАШ РІДНИЙ ЛОКАЛЬНИЙ ВСЕСВІТ

Тепер ми вже впритул наблизились до нашої рідної домівки – малесенької за космічними масштабами планети, що рухається по своїй сталій орбіті серед незчисленної кількості зірок безкрайнього океану космосу! Наш рідний всесвіт, що у КНИЗІ УРАНТІЇ зветься локальним, являє собою величезну космічну «зоряну хмару», яка складається рівно з однієї сотні сузір. Кожне сузір'я налічує у собі сто зоряних планетарних систем, а кожна система складається приблизно з однієї тисячі населених світів – планет, таких як наша. Що я маю на увазі, коли кажу «населена планета»? Все дуже просто. Населеним вважається світ, де є не лише гори і моря, рослини і тварини; населеним звуть світ, де мешкають створіння, схожі на нас із вами. Світ, де мешкають люди, що мають свободу волі і особистість. Люди, що здатні обирати, як саме їм жити. Люди, що можуть діяти згідно зі своїм власним розумінням.

Наш рідний локальний всесвіт за космічною класифікацією має назву Небадон. Я гадаю, що ви вже знайомі з його правителем. Певно, що ви чули про Ісуса, еге ж? Це – саме він. У прадавні часи, за наказом самого Бога – нашого спільного Небесного Отця – він зійшов із Острова Рай, щоб разом із нескінченним Материнським Духом створити наш локальний всесвіт. Він і сьогодні керує усім Небадоном. Однак під час створення всесвіту він ще не був відомий, як Ісус. Задовго до свого земного життя він був знаний, як верховний, могутній і нескінченно добрий Син Бога, ім'я якому – Михаїл. Сьогодні, як і тоді, Михаїл-Ісус і всесвітній Материнський Дух разом працюють над розширенням і вдосконаленням нашого рідного локального всесвіту.

Даруйте, я трохи не забув додати, що «створити всесвіт» зовсім не означає насправді змайструвати кожну окрему річ у всесвіті – камінь, дерево чи навіть планету – своїми власними руками. Зовсім ні. Кажучи так, я маю на увазі, що Михаїл-Ісус і всесвітній Материнський Дух створили головні умови і визначили фундаментальні закони, необхідні для народження й існування усього нашого всесвіту, всіх інших речей і істот. Величезні вихори космічного пилу і туману породили гарячі космічні сонця. Навколо зірок у подальшому з'явились планети, на яких пізніше зародилось життя (я розповім вам про це згодом). Ще на початку існування всесвіту були створені столичні архітектурні світи. Столична планета нашого локального всесвіту має назву Салвінгтон. Це – саме те місце, звідкіля Михаїл-Ісус разом із командою своїх небесних помічників здійснюють своє управління.

Крім того, я хочу, щоб ви назавжди запам'ятали дещо особливе про нашу планету. Наш маленький, віддалений від центру й не дуже важливий світ – планета Урантія – став дуже відомий в усьому великому локальному всесвіті як дуже особлива планета. І сталося це тому, що Ісус-Михаїл – високий Син Бога, творець і управитель усього Небадону – обрав саме це місце, щоб прожити тут своє єдине життя у якості смертної людини. Саме тут він жив, навчав, зцілював недужих і творив свої чудеса. Тут його було зраджено і жорстоко страчено на хресті. І саме тут, на нашій планеті, він переміг смерть і воскрес, показавши цим кожній людині, кожному мешканцю усього свого всесвіту дещо дуже-дуже важливе. Він показав, що усі ми без виключення можемо бути певні у вічному і кращому житті, яке неодмінно чекає на нас після смерті. Події Його життя відбулися на Урантії приблизно дві тисячі років тому. Він обіцяв повернутися на Землю одного дня, але коли саме – тільки наш небесний Отець знає це напевне. Я знаю тільки, що як би там не було, одного дня ми всі неодмінно зустрінемось із Ісусом віч-на-віч.

ВИНИКНЕННЯ ЖИТТЯ НА ЗЕМЛІ

Тепер давайте поговоримо про те, як саме і де на нашій планеті уперше виникло життя. Я повинен вам сказати, що власне слово «виникло» не надто підходить для пояснення цього процесу, бо життя насправді ніколи не виникає випадково. Життя ніколи не з'являється само по собі. Життя на нашу планету принесли вищі духовні істоти – *Носії Життя*. Носії Життя мають одну особливість: вони здатні проводити крізь себе духовну іскру життя. Багато мільйонів років тому Носії Життя особливим чином підготували спеціальні зерна – так звану *життєву плазму*, яку вони занурили у теплі й багаті на поживні речовини води нашої планети. Наприклад, маленьке зернятко вже містить у собі величезне дерево; невеличка флешка може зберігати гігабайти різної інформації; так само й ці зерна, або патерни життя, вже містили у собі усі життєві організми, що в подальшому з'явились і розвинулись на нашій планеті.

У свою чергу Материнський Дух нашого всесвіту, скориставшись допомогою Носіїв Життя, вдихнув у до того неживі зерна життя свою духовну іскру. Таким чином все й розпочалось. Життя вперше виникло на нашій планеті й почало свій повільний розвиток. Спочатку у теплих земних водах, після цього – на суші й у повітрі. Від простих одноклітинних і до складних організмів ссавців. Надалі життя розвивалось саме так, як ви вивчаєте це у школі. Однак у школі ніхто не згадує про Носіїв Життя, які й сьогодні пильно та з цікавістю наглядають за розвитком усього живого на Урантії.

Якщо треба, Носії Життя виправляють деякі помилки розвитку й трохи прискорюють цей процес. Я не буду вдаватись у деталі, оскільки ви колись зможете самостійно прочитати про це у КНИЗІ УРАНТІЇ. Якщо говорити про наших із вами предків, вам буде цікаво дізнатись, що найбільш віддалений наш родич й досі живе поруч. Ви знайомі з ним дуже добре. Це жаба. Так, як це не дивно, але це правда. Якби не було жаб – не було б і людей. Більш наближений наш предок – ранній лемур. Ранні лемури відрізнялися від тих лемурів, яких ви можете побачити сьогодні у дикій природі, наприклад на острові Мадагаскар, що біля Африки. Свого часу – дуже-дуже давно – лемури породили ранніх попередників древніх людей. Ці наближені до людей маленькі рухливі створіння першими з усіх тварин почали ставати на задні кінцівки. Вони були вкриті шерстю, по-мавпячі перемовлялися і відрізнялися неабиякою жвавістю. Жили вони у середньому двадцять років, вельми цікавилися усім навкруги і висловлювали бурхливу радість у разі успіху в будь-якій справі.

Через деякий час ці цікаві тварини у свою чергу породили майже безшерстих проміжних попередників людини, які мали вже більший зріст, були більш розумними й схильними до прямоходіння. Такі нові риси надавали їм багато переваг. У результаті вони вижили геть своїх менш розвинених лемуроподібних предків. Раптово, одна з найбільш розвинених родин проміжних попередників людини породила перших *приматів* – це був дуже важливий крок у ході людської еволюції. Разом із цим найменш розвинена родина зі числа цих істот породила перших людиноподібних мавп, які дали початок сучасному типу павіанів, бабуїнів, шимпанзе і горил. Таким чином, хоча люди і мавпи мають багато спільних рис, неправильно вважати, що люди виникли від мавп. Мавпи і люди – це дві різні гілки одного й того ж родового дерева. На жаль ані ранні, ані проміжні попередники людини не збереглись – вони були вщент винищені своїми більш розвиненими потомками. Примати мали ще менше шерсті й вже у ранньому віці починали ходити. Вони досягали у висоту півтора метри, мали більший мозок, людський тип рук і ніг, вміли бігати не гірше людей, спілкуватися один із одним за допомогою знаків та звуків, проте їх розум ще не можна було назвати людським. Природна тривалість їх життя вже була приблизно сорок років.

І ось, одного чудового дня, одна дуже гарна родина приматів несподівано породила двох близнюків – хлопчика й дівчинку – перших справжніх людей – таких, як ми з вами. Це сталось приблизно один мільйон років тому. Загалом, від виникнення перших лемуроподібних попередників людини до народження справжніх людей пройшла 21 тисяча років.

Ці хлопчик і дівчинка були вже справжніми людьми. Вони володіли такими людськими почуттями як повага, смирення, вдячність. Їм були знайомі жалість, сором, ганьба; вони гостро переживали любов, ненависть, жагу помсти і інші почуття. Близнюки були справжньою карою для своїх батьків-приматів. Вони були настільки допитливі і нерозумні, що до восьми років встигли кілька разів побувати за крок від загибелі. У віці дванадцяти років вони були покриті численними шрамами. Уже в ранньому віці вони навчилися словесному спілкуванню, а незабаром, даючи назви усьому, що їх оточувало, вони створили свою власну, першу людську мову.

Першим людям – цим близнюкам – було нудно на деревах, де звично жили їхні примітивні предки, а, отже, вони спустились долі, щоб у подальшому мешкати на землі. Вони першими почали використовувати палку з каменем на кінці у якості знаряддя і зброї. Також вони першими навчились добувати вогонь з допомогою кременю. Крім того, вони дали один одному ім'я, які виражали взаємну турботу і любов. Вони називали один одного Сонта-ан і Сонта-ен. Сонта-ан означало "той, кого любить матір", а Сонта-ен – "та, яку любить батько". Сонта-ан і Сонта-ен поклали початок усьому сучасному людству.

Можливо, ви хочете зупинити мене на цьому місці і заперечити, що найпершими людьми на світі були Адам і Єва. Так, це правда, що Адам і Єва існували та жили на нашій планеті. Але також правдою є те, що вони з'явились на Землі набагато пізніше від перших людей – Сонта-ан і Сонта-ен. Адам і Єва мали інше, дуже важливе й більш духовне завдання, яке їм доручили вищі керівники нашої зоряної планетарної системи. Вони мали допомогти людським расам розвинутись, прискорити наш розвиток, а людям – стати більш духовними, більш чуттєвими до усього гарного, більш чесними, щирими, добрими. На жаль, їхня робота залишилася незавершеною. Чому так сталося, і що саме відбулося з Адамом і Євою – це окрема, довга і дуже цікава історія, яку я вам раджу прочитати у КНИЗІ УРАНТІЇ.

ЖИТТЯ В ІНШИХ СВІТАХ

Усі ми любимо подорожувати – хтось більше, а хтось менше. Згадайте, наскільки цікаво дізнаватись про інші країни, звички і традиції інших людей, про дива світу, про екзотичних тварин тощо. Отже, дозвольте я розповім вам про одну дуже цікаву річ життя, яким воно є в інших світах, на інших населених планетах.

Раніше я вже розповідав вам про те, що наш локальний всесвіт складається з сузір'їв так само, як Україна складається з регіонів. Регіони України діляться на райони так само, як і сузір'я локального всесвіту – а їх рівно сто – містять у собі сто систем. Кожна система налічує приблизно одну тисячу населених світів так само, як кожна земна країна має свої міста, містечка і села.

Наша планета Земля, або Урантія, розташована в зоряній системі, що має назву Сатанія. Столиця Сатанії – планета Ієрусем, яка знаходиться у самому центрі нашої системи. Запам'ятайте цю назву – Ієрусем. Ця планета грає надзвичайно важливу роль у вашій майбутній космічній пригоді. Саме там, на Ієрусемі, ви відкриєте для себе надзвичайні речі. Я розповім вам більше про Ієрусем згодом.

Наразі наша зоряна система налічує 619 населених світів. Наша планета серед них 606-та. Кількість населених світів у системі не остаточна, оскільки Носії Життя посіяли свої зерна на багатьох інших планетах, де у подальшому з'являться рослини, тварини і люди. Їх праця одного дня дасть плоди на інших планетах так само, як це сталося багато мільйонів років тому на Урантії.

КНИГА УРАНТІЇ оповідає, що в усьому всесвіті не існує навіть двох однакових планет. Неможливо знайти дві планети з однаковим тваринним і рослинним світом. А це означає, що особистісні *вольові створіння* – іншими словами люди – на різних планетах також відрізняються між собою. Також у КНИЗІ УРАНТІЇ згадується, що усі вольові створіння – двоногі, тільки якщо вони не живуть під водою або не літають у повітрі, бо на деяких планетах існують дуже особливі умови, до яких тамтешнім людям довелось адаптуватись. Наприклад, на деяких невеликих за розміром планетах усі люди можуть літати.

Літаючі тварини – птахи, або й навіть такі ссавці, як кажани, для нас не новина, адже таке життя є й на нашій планеті. Однак розумні люди, що літають над землею чи живуть під водою – для нас це, звісно, диво, яке буває лише у казках! КНИГА УРАНТІЇ стверджує, що на деяких планетах, майже повністю вкритих водою, розумні планетарні істоти – люди – дійсно живуть у воді.

Якщо задуматись, то навіть на нашій планеті, хоча вона й має багато суші, теплокровні ссавці живуть у воді. Наприклад, дельфіни і кити. Те ж саме стосується і тюленів. Вони багато часу проводять на землі, хоча віддають перевагу водному середовищу. Отже, існування підводних людей – не така вже й фантастика.

Досить сильно на розміри живих істот впливає сила тяжіння, яка у кожному світі своя, бо залежить від розміру тієї чи іншої планети. Більші планети мають сильнішу гравітацію, а отже їхні мешканці повинні мати менший зріст, щоб почувати себе комфортно. Високим створінням було б незручно пересуватись на таких планетах – велика сила тяжіння не давала б їм змоги рухатись вільно. На менших планетах, де гравітація не така вже й сильна, мешканці можуть мати вищий зріст. Можливо, колись ти зустрінеш людину з такої планети заввишки лишень у пів метра. І не дивуйся також, якщо одного дня у своїй майбутній подорожі тобі зустрінеться триметровий гігант.

Окрім цього, у всесвіті є невелика кількість населених планет, на яких або зовсім немає атмосфери, або ж вона дуже рідка. Тим не менш на цих планетах теж є життя! У всій величезній системі Сатанія всього лише дев'ять таких світів. Там живуть недихаючі люди. Їм не потрібне повітря, щоб жити. Вони дуже, дуже відрізняються від нас, земних і дихаючих людей. Однак і ми – земні люди, і вони – справжні інопланетяни, й усі інші розумні вольові істоти, що живуть в таких різних умовах на різних планетах, – всі ми маємо один і той самий тип розуму і характеру. Вони, так само як і ми, вміють дружити, вірити і любити. А це означає, що ми могли б порозумітися із ними. Чи не так? Я вважаю, що це пречудово – одного дня потоваришувати з недихаючим інопланетянином!

Тільки уявіть собі – поверхня планети, на якій живуть недихаючі істоти, не має атмосфери! З дня в день вони потерпають від постійного метеоритного бомбардування, немовби навколо точиться справжній бій. Метеороїди усіх розмірів – і великі й малі – летять із космосу й безперешкодно падають на поверхню планети. Дякувати Богові, Земля має захисний шару газу – рятівну атмосферу. Майже всі метеороїди, що прилітають на Землю, перетворюються на метеори і згоряють у повітрі, не встигаючи дістатись поверхні. Наш рідний Місяць, що не має атмосфери – гарний приклад планети, яка страждає від метеороїдного дощу. Поверхня Місяцю вщент вкрита метеоритними кратерами.

Отаке воно – тяжке життя недихаючих людей на планетах без атмосфери і повітря. Ймовірно, для того, щоб вижити, вони повинні будувати якісь підземні сховища й вигадувати інші хитрощі, що допоможуть захиститися від каміння, падаючого просто неба. Найбільш захоплюючим є те, що одна з таких планет знаходиться у безпосередній близькості від Землі-Урантії, тобто є нашою сусідкою. На жаль, КНИГА УРАНТІЇ не розкриває нам її координати. Наші земні астрономи повинні самостійно зробити це важливе відкриття.

Іще я хотів би додати, що мешканці різних світів мають різну тривалість життя. На ледь розвинених, примітивних планетах люди живуть лише 25 земних років. Однак мешканці більш прогресивних планет – і чоловіки й жінки – можуть жити аж до 500 років у земному еквіваленті. Така довга тривалість життя на просунутих сферах – звичайнісінька справа. Чи хотілося б вам жити довше на Землі? Можливо, ви скажете, що так. Я згоден – довге життя дозволяє насолодитися багатьма цікавими речами. Але зважаючи на те, що в небесних сферах люди більше не помирають, мені здається, що не варто занадто цим перейматися. Усе, чого ми не зможемо досягти на Землі, ми встигнемо зробити під час нашої довгої космічної мандрівки.

Цікаво, що вольові створіння також можуть різнитись типом свого мозку. Мешканці деяких планет, як то ми з вами, мають дводольний тип мозку. Наш мозок розділений на дві половини – праву і ліву мозкову півкулю. Мешканці деяких планет мають лише одну мозкову долю. Мешканці інших – навіть три. Кількість мозкових доль – дуже важливий показник, оскільки чим їх більше, тим більш розумною є істота. Створіння, що мають три мозкові долі, набагато більш талановиті, більш кмітливі, більш інтелектуально розвинуті, ніж дводольні, й тим більш, ніж однодольні істоти. Вони можуть запросто вивчити все, чому ми навчаємось у школі за декілька днів, а потім – закінчити університет за тиждень або два.

Певно, що у нашому локальному, а тим більш – у великому всесвіті – є ще дуже багато інших типів інопланетних істот. Однак, якими б дивними і незвичними вони нам не здавались, так чи інакше вони є наші брати і сестри за складом свого розуму, духовним походженням і майбутнім призначенням. Завжди пам'ятайте – усі ми, на яких би планетах ми не мешкали, якого б зросту ми не були, якою б мовою ми не розмовляли – ми всі завжди лишаємось дітьми одного й того самого Бога, нашого спільного небесного духовного Отця.

НЕЗРИМІ ДРУЗІ

Як ви вже мабуть знаєте, багато з того, що існує навкруги нас, неможливо побачити тільки на власні очі. Наприклад, для неозброєного ока, мікроби – дуже маленькі організми – невидимі. Насправді, у світі набагато більше речей невидимих для нас, ніж видимих. Дуже часто астрономи з'ясовують місцезнаходження планет й інших небесних тіл лише за допомогою своїх наукових розрахунків, тобто навіть не бачачи ці тіла вони все одно достеменно знають їх розташування.

Багато речей, які ми не можемо побачити на Землі, відкриються нам після того, як ми потрапимо в небесні світи, про які я розповім вам пізніше. Там ми зможемо побачити тих, кого тут, на Землі, ми просто не в змозі розгледіти; ми будемо насолоджуватися багатьма гарними речами, які ми зараз просто не в змозі відчути.

Дуже жаль, що, перебуваючи на Землі, ми не бачимо всіх мешканців нашої планети. Лишень задумайтесь над цим: зрештою ми, люди, залишаємось на нашій планеті протягом короткого проміжку часу. Середня тривалість людського життя – від 60 до 80 років. Однак КНИГА УРАНТІЇ розповідає нам, що на Землі поруч із людьми постійно живуть невидимі нам істоти. Ні, я маю на увазі не привидів і не духів. Істоти, про яких я хочу вам розповісти, мають назву *проміжні створіння*. Вони не люди, але вони і не ангели. Вони можуть бачити, відчувати і за потреби – взаємодіяти як із людьми, так і з ангелами. Ось чому їх називають проміжними. Разом із ангелами вони доглядають за вами, за мною й за всіма іншими людьми на нашій планеті. Як і ангели, проміжні створіння є відданими помічниками Бога.

Ми не можемо бачити проміжних створінь тому, що, як і ангели, вони нематеріальні. Зрештою, проміжні створіння, так само, як і ангели – безсмертні. Проміжні створіння живуть на Землі вже дуже, дуже довго – майже так же довго, як і люди. Саме тому вони є унікальними свідками багатьох захоплюючих земних подій: вони знають дуже багато про речі, що відбувались на нашій планеті. Вони – справжні земні історики, бо саме вони зберігають усі свідчення про часи, коли ще не існувала людська письменність. Я вважаю, було б дуже цікаво поговорити з ними, вислухати їх захоплюючі історії про прадавні часи існування Землі, або ж, як вони називають нашу планету, – Урантії.

Одну з таких захоплюючих історій, викладену досвідченим проміжним створінням, ви зможете прочитати у КНИЗІ УРАНТІЇ. Це – доволі довга і цікава історія про життя Ісуса. Як ви мабуть здогадалися, проміжні створіння кожного дня були поруч з Ісусом у часи його життя на планеті. Вони бачили і чули все, що він робив і говорив. Саме завдяки їхній незримій для людей присутності ця докладна розповідь була записана день за днем і навіть година за годиною.

Між всесильним, всезнаючим і люблячим Богом та людиною існує безліч категорій інших живих істот. Наступна після проміжних створінь категорія – це ангели. Існує три різних типи ангелів: Серафими, Херувими і Сановіми. Їх завдання – опікати й оберігати людей. Нашими безпосередніми ангелами-охоронцями є саме Серафими. Твій ангел-охоронець, який знаходиться поруч із тобою майже все твоє життя, у подальшому стане твоїм найкращим супутником і відданим товаришем. Саме він зберігає твою душу після смерті. Разом із ним ти відправишся у повну пригод космічну подорож крізь дивовижні планети нашого локального, а згодом і великого всесвіту.

Крім проміжних створінь та ангелів існує багато інших категорій небесних невидимих нам істот. Однак давайте поки що зупинимось на цьому, інакше моя історія може стати занадто складною для цієї книги.

НЕВИДИМІ ПЛАНЕТИ

Ще під час свого життя на Землі Ісус сказав, що у нашого духовного Отця є дуже багато небесних осель. Він стверджував, що місця для життя на небесах вистачить на всіх. Насправді планет, пристосованих для життя у всесвіті незліченна кількість. Тож я розповім вам тільки про деякі із них – тільки про ті світи, з яких ви в майбутньому розпочнете свою велику космічну пригоду.

Чи пам'ятаєте ви про Ієрусем? Я згадував про нього в попередньому розділі. Ієрусем – це центральний світ, столиця нашої зоряної планетарної системи, до якої входить 619 населених світів, у тому числі і наш. Ієрусем приблизно у сто разів більший ніж Земля. Сім *перехідних світів* (світи, через які проходять всі космічні мандрівники) обертаються довкола Ієрусему, кожен з яких приблизно удесятеро більший за нашу планету. У свою чергу кожен перехідний світ має ще сім супутників, що обертаються навколо нього. Ці супутники приблизно такого ж розміру, як і наша Земля.

За старих часів можна було почути вислів, у якому згадувалось, що сім небес очікують на нас після смерті. І якщо людина каже «я на сьомому небі», це означає, що вона почувається дуже-дуже добре. Виходить, що ці сім небес насправді існують! Саме так називають сім *осельних світів*, що обертаються навколо перехідного світу номер один, який також має назву Світ Завершувачів. Після того, як твоє життя на Землі буде остаточно завершено, ангел-охоронець перенесе вашу душу саме сюди. Ви прокинетесь, або, інакше кажучи, воскреснете тут, у заповненій світлом просторій і прекрасній залі першого осельного світу. Нарешті ви зможете продовжити своє життя у новому чудовому світі, де все буде цікаво, де все для вас буде вперше.

Ви продовжите своє життя саме з того момента, на якому воно закінчилось. Ніби ви просто заплющили очі на Землі, а відкрили їх вже у іншому світі. Але, подивіться, все навкруги нове, і ваше тіло також! Земне тіло залишилось на Землі, щоб перетворитись на пил. Небесні помічники створили для вас нове, більш досконале тіло. Небесне тіло, що буде одягом вашої душі, буде годитись вам так само добре, як гарно скроєний костюм сьогодні личить вашому земному тілу.

Після прибуття в перший осельний світ у вас буде вдосталь часу, щоб звикнути до всього нового і визначитись із напрямком свого подальшого руху. Звісно, що ви матимете нагоду зустрітись зі своїми земними друзями і рідними. Ви зможете побачитись з тими, хто був вам другом або ж подругою на Землі і потрапив в осельні світи швидше ніж ви. Однак, із іншого боку у вас не буде можливості гаяти час задарма, бо ... нова чудова школа вже чекатиме на вас. В осельних світах всі-всі навчаються, здобуваючи нові корисні знання. Тільки уяви собі, яким цікавим може бути навчання в такій майже досконалій небесній школі! Одне з головних завдань навчання в осельних світах – покращення свого характеру, а також – усвідомлення і виправлення помилок свого минулого земного життя. Але не турбуйтесь даремно!

Мудрі вчителі та дбайливі помічники будуть допомагати вам. Вам також не буде сумно, у цьому я впевнений на всі сто! Програма навчання передбачає екскурсії осельними світами, активний відпочинок і подорожі на сусідні планети. Певен, що ви навіть собі не уявляєте, що за чудові місця там можуть бути. Б'юся об заклад, що такої краси ви ще не бачили навіть у фантастичному кіно. Чудові ліси, розумні й віддані тварини, витвори небесного мистецтва, шедеври неземної архітектури, фантастичні музичні твори – все це і набагато більше чекає на вас там. Тільки уявіть собі : ви будете у змозі відвідати сам Ієрусем!

Таким же чином ви будете жити, навчатись, відпочивати і розважатись в усіх цих семи осельних світах. Поступово ви будете проходити з однієї школи в іншу, із першого осельного світу до сьомого. В кожному з цих світів перед вами повстануть свої цікаві завдання, які необхідно виконати, щоб потрапити в наступний осельний світ. У кожному світі у вас будуть свої особливі обов'язки, як і особливі розваги. В осельних світах ви будете їсти і пити так само, як і на Землі. Єдина відмінність у тому, що тамтешня їжа інша – вона повністю відрізняється від земної. Їжа в осельних і перехідних світах має інший склад: вона складається на сто відсотків із чистої енергії. Ваше нове тіло буде сприймати її залюбки.

Я певен, що тамтешні кухарі приготували для вас щось дуже, дуже особливе. Щось дуже смачненьке! І ще один цікавий факт про небесну їжу: небесна їжа не містить матеріальних компонентів, а отже – сприймається організмом цілком, не лишаючи по собі ніякого залишку. Це означає, що вам не треба буде більше турбуватись про відвідування вбиральні кожного разу після прийняття їжі.

    Також вам буде цікаво дізнатись більше про космічний транспорт. Ні, ви не будете літати з однієї планети на іншу на космічному кораблі. Зовсім ні. Ангели будуть вашими космічними перевізниками. Усі мешканці осельних світів – студенти небесних шкіл – завжди подорожують із планети на планету за допомогою Серафимічного транспорту. Космічне перевезення пасажирів – звичайна функція ангелів-серафимів. З турботою вони будуть перевозити вас у потрібне, точно визначене вами місце, слідкуючи за тим, щоб ви прибули туди цілими і неушкодженими. Під час довгих перельотів із планети на планету ви будете відпочивати, а після приземлення – прокинетесь на новому місці у доброму гуморі і з новими силами. Такий космічний переліт більш за все нагадує звичайну подорож у нічному експресі. Ви засипаєте в одному місті, а прокидаєтесь вже в іншому.

    Осельні світи – це ваші перші небесні школи, що мають сім навчальних ступенів відповідно числу цих світів. Я певен, що перебування в цих школах стане для вас найбільш захоплюючим і розважливим навчальним досвідом, порівняно з усім досвідом навчання, який ви знали дотепер. Кожен із нас має свій ритм навчання. Хтось закінчить ці школи швидше, а комусь, можливо, доведеться затриматись тут трішки на довший час. У жодному разі кожна отримана тут крихта мудрості повинна бути особисто зароблена, здобута власними силами. Після закінчення усіх цих семи ступенів і переходу від першого світу до сьомого, ви нарешті станете дійсними громадянами столиці нашої зоряної системи – космічними мешканцями Ієрусему. До цього моменту у процесі навчання ви ймовірно побуваєте на Ієрусемі безліч раз, але тільки тепер ви зможете відчути цей незрівнянний, фантастичний світ, як свою справжню домівку. Набувши статус громадянина Ієрусема ви зможете залишитись тут дійсно надовго. Тепер ви зможете у повній мірі насолодитись своїми досягненнями і цікавим життям цього столичного світу.

УВЕРСА
САЛВІНГТОН

УПЕРЕД! ПОЧИНАЄМО СХОДЖЕННЯ!

Незважаючи на поважний статус громадянина Ієрусему ваша подорож на цьому далеко не завершена. Насправді навпаки: із Ієрусема все тільки починається! На вашому довгому й повному пригод шляху до Острова Рай має відбутися ще дуже багато цікавих речей. У вас завжди будуть змістовні і корисні справи – ви завжди будете знати, чим вам зайнятись. Пам'ятайте, що після закінчення своєї першої космічної школи на вас вже чекає наступна – вища школа всесвіту, а після неї – космічний університет.

Отже, прийшов час розповісти вам про головні пункти призначення вашої космічної мандрівки. Після того, як ви залишите Ієрусем, вашим наступним місцем перебування, навчання і відпочинку стане Едемія – столиця нашого сузір'я. Після цього ви будете переміщені серафимічним транспортом в Салвінгтон, головний світ нашого локального всесвіту. Саме тут ви зустрінетесь з Ісусом, або Христосом Михаїлом – під таким ім'ям він наразі відомий у нашому всесвіті. Наступною вашою домівкою стане Уверса – столиця нашого величезного сьомого надвсесвіту. Саме звідси у далекому майбутньому ви зможете досягти Хавони – ідеального, досконалого центрального всесвіту. Пройшовши всі сім колець центрального всесвіту Хавона, які містять мільярд планет, ви нарешті прибудете на Острів Рай.

Одним із головних завдань вашого перебування в осельних світах є злиття – об'єднання – із духом нашого спільного Небесного Отця, який живе у свідомості кожної людини. Об'єднатися з внутрішнім духом Отця означає пізнати досконалу волю Бога в кожній життєвій ситуації, відчути справжню божу любов і мудрість. Таке об'єднання – найзаповітніша мета кожного студента осельних світів; це вражаючий і чудовий життєвий досвід. Деякі з земних мудреців переживали злиття ще під час свого життя на Землі. Свого часу кожен із вас обов'язково зіллється з внутрішнім Духом Отця і, без сумніву, цей чудовий день стане одним із найкращих днів вашого життя.

Але навіть після такого злиття із духом Отця ви усе ще не станете досконалі. Пам'ятайте: недосконалі істоти не можуть потрапити в досконалий центральний всесвіт. Для того, щоб потрапити у Хавону, ви повинні цілком і повністю вдосконалити себе. Це означає, що кожного дня – і сьогодні, і завтра, і післязавтра – вам необхідно намагатись бути кращими, ніж учора. Стати досконалим – означає працювати над собою, щоб одного дня врешті-решт у повній мірі виконати наказ нашого Небесного Отця, висловлений свого часу Ісусом: «Будьте досконалі, як Отець ваш небесний». Важко це уявити, але це правда – усі світи Хавони настільки досконалі, що жоден їхній мешканець зовсім не має вад; ніхто із жителів Хавони ніколи не схибив і не згрішив. Але не турбуйтесь! У вас буде більш, ніж достатньо часу для того, щоб стати духовно досконалими. Для цього вам стануть у нагоді багато надійних і турботливих небесних помічників.

Одного разу я почув, як дехто жартома сказав, що життя у Раю скоріш за все жахливо нудне. У Раю усі тільки те й роблять, що нічого не роблять! Або, можливо, тільки грають на арфі і співають гімни. Що ж тут цікавого? Таке життя, зрозуміло, нудне й нецікаве. А що ще робити у Раю? Можливо, ви теж таке чули. Насправді у цих словах є крапля істини – а саме, у тому місці, де мова йдеться про арфу. В осельних світах дійсно є дещо, що зовні нагадує арфу. Можливо, цей корисний предмет також може грати музику, але його головне призначення – бути приймачем, приймати космічні послання, які йдуть звідусіль – з далеких і близьких планет нашого всесвіту. Ця «арфа» схожа на земну антену. Вона незамінна мешканцям осельних світів, оскільки вони поки що не настільки досконалі, щоб самостійно сприймати ці важливі космічні «новини». Безумовно, було б цікаво послухати таку «арфу», чи не так?

Одне я знаю напевне: ніколи на всьому довгому шляху до Раю (а тим паче після його досягнення) вам не доведеться нудьгувати. Ваша подорож з одного вражаючого світу до іншого ніколи не буде монотонною, безглуздою, надміру стомливою чи занадто серйозною. Висхідний шлях до Раю досконало поєднує у собі розумну працю і гру, роботу і відпочинок. Навіть якщо інколи життя на Землі видається вам важким і виснажливим, пам'ятайте: протягом усієї своєї космічної подорожі ви будете огорнуті увагою, у вас завжди буде вдосталь радості і розваг. Гумор мешканців небесних світів ніколи не буває грубим, недоречним або образливим. Ваші ангели-помічники уважно пильнують це. Вони вміло володіють витонченим і дотепним гумором. Кажуть, що саме ангели – найкращі комедіанти у всьому всесвіті. І неважливо, що ангели не люди, коли діло йде до жартів. Сміх, як і музика – універсальна, зрозуміла кожному всесвітня мова.

ТО ЩО ДАЛІ?

Так, цілком може бути, що ви захочете запитати мене і про це. Але, на жаль, ми можемо лише здогадуватись, що саме чекає нас після досягнення Раю. Із впевненістю можу сказати лише наступне: все, через що ми проходимо на довгому і повному пригод шляху сходження, має свій сенс, свою необхідність, приносить свою користь. Неможливо повірити в те, що Всесвітній Отець створив такий довгий шлях сходження і вдосконалення лишень для того, щоб кінець кінцем ми могли грати на арфі, сумуючи у Раю. Не знаю, як вам, а мені така перспектива ані трохи не до вподоби. Я певен на усі сто, що численні помічники – учителя і наставники, провідники і транспортувальники, інші категорії небесних створінь – усі вони мають в своєму житті багато інших справ, більш цікавих і корисних, ніж навчати нас, примітивних смертних, усієї космічної мудрості лише задля того, щоб робити ніц у Раю.

За межами впорядкованого і населеного великого всесвіту, що включає у себе досконалу Хавону і сім еволюційних надвсесвітів, знаходяться досі незаселені всесвіти зовнішнього простору. Ці зовнішні всесвіти гігантські за своєю протяжністю. Вони й досі перебувають у стані первинного формування. Там не існує нічого, окрім хмар космічного пилу і туману, які тільки дають новий початок зіркам і планетам. Все видається туманним в зовнішньому просторі не тільки через численні космічні туманності. На цій невідомій навіть ангелам території не існує ніякого життя. Жодна жива істота не може поки що туди потрапити. Творіння зовнішнього простору лише тільки розпочинається. Можливо, що одного дня, через багато-багато років, ви і я – усі ми будемо потрібні там для того, щоб почати вчить інших, поки що ненароджених, невідомих нам синів і дочок Бога, які в майбутньому будуть жити в своїх нових домівках у всесвітах зовнішнього простору. Це, ймовірно, і є найвіддаленіша й найбільш загадкова ціль нашої великої космічної мандрівки.

СЛОВНИК

5,342,482,337,666 – номер нашої планети, Урантії, у космічній класифікації всесвітніх небесних керівників.

Ангели – небесні істоти, що опікуються життям людей – допомагають нам зростати духовно і оберігають наше життя.

Ангел-охоронець – теж саме, що і серафим; окрема категорія ангелів, яка займається виключно опікою людей; після воскресіння ангел-охоронець допомагає людині долати труднощі на її шляху, що веде до Раю.

Антена – технічний пристрій для приймання і передавання електромагнітних хвиль, що звичайно виглядає, як металічна сітка або рамка; може бути різної форми.

Архітектурні світи – планети, спроектовані і створені зі спеціальною метою; космічні адміністративні центри – столиці зоряних систем, звідкіля відбувається керівництво населеними світами, такими, як наш; планети, на яких знаходяться школи всесвіту і космічні домівки багатьох всесвітніх створінь, наприклад ангелів; архітектурні світи нашої зоряної системи Сатанія складаються з 57 планет, включаючи столицю нашої системи – Ієрусем.

Астрономи – вчені, які досліджують космічний простір і його елементи – планети, зірки, комети, галактики, туманності та інші об'єкти.

Божественні сфери – невидимі оку небесні світи, в яких живуть ангели та інші божественні створіння.

Великий всесвіт – центральний божественний всесвіт Хавона і сім надвсесвітів.

Воскресіння – повернення до життя після проходження через смерть.

Всесвітній Отець – Бог усіх речей і істот.

Галактика – велетенська система із зірок і зоряних скупчень, міжзоряного газу, пилу, темної матерії, які обертаються відносно спільного центру мас, наприклад Чумацький Шлях.

Дух – вищий, духовний стан існування, протилежний матеріальному; Бог є дух; людина у процесі сходження до Раю із повністю матеріального стану поступово переходить у духовний стан, стаючи подібною до Бога.

Душа – безсмертне «я» людини; внутрішня особистісна реальність людського досвіду, яка народжується внаслідок духовного зростання; душа переживає фізичну смерть; лише завдяки збереженню душі можливе сходження людини до Раю; батьком душі є внутрішній Дух Бога, що перебуває у нашій свідомості; смертний розум людини є матір'ю душі.

Еволюція – прогресивний процес зміни характеристик будь-чого з плином часу; процес зміни, розвитку, перетворення когось, чогось; необоротний історичний розвиток живої природи.

Едемія – столиця або столичний світ нашого сузір'я, що має назву Норлатіадек; навколо Едемії обертаються сімдесят супутників освіти і культури суспільного життя, де у тому числі відбувається навчання і відпочинок людей та інших космічних істот.

Життєва плазма – особливим чином підготовлена Носіями Життя рідина, яка містить зерна або так звані патерни життя – супер-ДНК; із життєвої плазми у подальшому розвивається усе життя на планеті; після створення і розміщення на планеті життєвої плазми Материнський Дух всесвіту вдихає в неї іскру життя.

Завершувачі – ті, хто повністю виконав усі завдання всесвітів і має право вважатися постійним мешканцем Раю.

Ієрусем – центральний або столичний світ нашої зоряної планетарної системи Сатанія, до якої входить 619 населених планет, у тому числі і наша планета – Урантія.

КНИГА УРАНТІЇ – велика книга філософського та релігійного змісту, видана вперше у 1955 році у Чикаго, США; КНИГА УРАНТІЇ містить 2097 сторінок і 196 документів, які розповідають про Бога, всесвіт, історію нашої планети та життя і вчення Ісуса; КНИГА УРАНТІЇ була складена і передана людству комісією небесних істот, яким доручили це зробити вищі керівники нашого всесвіту.

Космос – простір за межами Землі, в якому на величезних відстанях знаходяться зорі, планети та інші небесні об'єкти.

Локальний всесвіт – всесвіт, що входить до складу надвсесвіту і керується окремим Сином-Михаїлом, у нашому випадку – це Ісус; локальний всесвіт ділиться на сто сузір, кожне з яких налічує у собі сто зоряних планетарних систем, до складу кожної системи входять населені світи.

Материнський Дух всесвіту – унікальна для кожного локального всесвіту донька Нескінченного Духу – третьої особи Райської Трійці, яка є особистим творчим партнером Сина-творця локального всесвіту, у нашому випадку – Михаїла Небадонського, відомого на Землі, як Ісус; місцезнаходження Материнського Духу – столиця локального всесвіту, у нашому випадку – це Салвінгтон.

Метеороїд – невелике тверде небесне тіло, що рухається у міжпланетному просторі.

Метеор – явище, що виникає при згорянні в атмосфері дрібних метеорних тіл – метеороїдів, уламків комет чи астероїдів.

Метеорит – тверде тіло небесного походження, що впало на поверхню планети із космосу.

Мікроби – мікроскопічні організми, занадто маленькі, щоб бути видимими неозброєним оком; живуть майже усюди на Землі.

Михаїл – ім'я, під яким Ісус був відомий усім небесним створінням до свого життя на Урантії.

Мозгові півкулі – дві різні частини або долі нашого мозку; у людини є ліва (логічна) півкуля і права (творча) півкуля.

Монотонний – перебуваючий без будь-яких змін; не цікавий, оскільки залишається таким самим, як і раніш; нудний, обридлий.

Надвсесвіт – дуже великий всесвіт всесвітів, що складається з великих і малих секторів, до складу яких входять локальні всесвіти; існує сім надвсесвітів, що разом із центральним божественним всесвітом Хавона утворюють великий всесвіт; кожен з семи надвсесвітів містить приблизно один мільярд населених планет.

Небадон – назва нашого локального всесвіту; надвсесвіт Орвонтон містить мільйон локальних всесвітів, у тому числі і наш.

Небесні істоти – зазвичай невидимі людському оку безсмертні духовні або напівдуховні створіння, що походять від Бога (наприклад ангели); зазвичай небесні істоти мешкають поза межами Землі, або ж опікуються людьми, незримо допомагаючи нам зростати духовно і оберігаючи наше життя (наприклад серафими, яких також називають ангели-охоронці); існує багато різних категорій небесних створінь, кожна з яких має своє призначення.

Нескінченний – не маючий кінця, межи або такий, чиї межі неможливо виміряти.

Носії Життя – духовні небесні істоти, які посіяли перші зерна життя на Урантії, поклавши таким чином початок земній еволюції рослинних і тваринних видів; Носії Життя планують, розпочинають і доглядають за фізичним життям на різних планетах у всесвіті.

Орвонтон – назва нашого надвсесвіту, у який входить мільйон локальних всесвітів, кожен із яких керується своїм Сином-творцем; Орвонтон – сьомий із семи надвсесвітів, що разом із Хавоною утворюють великий всесвіт.

Осельні світи – сім осельних світів обертаються довкола перехідного світу номер один; це перші світи, до яких потрапляють люди після своєї смерті – світи, звідкіля починається наше сходження у всесвіті.

Особистість – суспільна або соціальна сутність людини, яка формується завдяки її власному досвіду, а також її спадковим факторам.

Острів Рай – єдиний стаціонарний або нерухомий об'єкт у всьому всесвіті всесвітів; знаходиться у центрі творіння – точно в середині божественного і досконалого всесвіту Хавона; домівка Всесвітнього Отця, Бога усіх речей і істот.

Патерн – шаблон, модель, зразок; містить у собі комплект, набір елементів.

Перехідні світи – сім головних супутників Ієрусему; кожен із перехідних світів удесятеро більший за Урантію.

Примітивний – перша або рання стадія розвитку будь-чого, наприклад примітивна планета або примітивна людина.

Проміжні створіння – невидимі людському оку безсмертні створіння, що за космічною шкалою розвитку знаходяться посередині між людьми і ангелами; постійні мешканці Урантії, що перебувають на ній вже багато тисяч років; опікуються долею людства і планети, допомагаючи як ангелам, так і людям.

Райська Трійця – вічний союз Божества, до якого входять Всесвітній Отець, Вічний Син і Нескінченний Дух; місцезнаходження Райської Трійці – Острів Рай.

Реальність – дійсність; те, що існує насправді.

Салвінгтон – головна, столична планета нашого локального всесвіту; сфера, на якій знаходиться штаб-квартира Ісуса-Михаїла, звідкіля він і його небесні помічники керують нашим всесвітом.

Сатанія – зоряна планетарна система, в якій розташована наша планета – Урантія; наразі до складу Сатанії входить 619 населених планет із 1000 можливих.

Свідомість – власний спосіб сприйняття, пізнання, освоєння світу людиною; свідомість базується на розумовій активності і тісно пов'язана з мовою.

Серафими – особлива категорія ангелів; ангели-охоронці, що опікуються людьми – незримо допомагають людям на Землі і зримо – після смерті у небесних світах під час сходження до Раю.

Серафичний транспорт – система транспортування істот, завдяки якій можливо долати великі космічні відстані дуже швидко; серафичне транспортування забезпечується ангелами-Серафимами.

Смертний – людина, або інша істота, що народжується, живе і згодом помирає; людське тіло і розум – смертні, оскільки вони помирають, зберігається тільки людська Душа і особистість.

Смерть – припинення життєдіяльності фізичного організму; людина повинна пройти через смерть для того, щоб воскреснути у небесних світах і продовжити там своє життя.

Сонячна система – Сонце, а також всі інші планети і небесні тіла, що обертаються навколо нього.

Сузір'я – особлива група зір, взаємне розташування яких складає якусь фігуру чи контур; наприклад Мала або велика Ведмедиця, Оріон та інші.

Сходження – процес долання перешкод, навчання і змін, духовне зростання і перетворення людини на її шляху із матеріального світу через небесні світи до Острова Рай.

Туманність – велика хмара міжзоряного космічного пилу, що складається з газу або дрібних кам'яних часток.

Уверса – головний світ, столиця нашого надвсесвіту.

Урантія – оригінальна, первинна космічна назва нашої планети; Урантія має номер 606 серед 619 населених світів нашої зоряної системи Сатанія.

Фізичний – матеріальний; такий, що складається із матеріальної речовини, наприклад – камінь, планета, людина, тварина.

Хавона – центральний досконалий божественний всесвіт, що містить мільярд ідеальних планет; сім еволюційних надвсесвітів, включаючи наш сьомий надвсесвіт Орвонтон, обертаються довкола Хавони.

ЗМІСТ